škola - okul	2
cesta - seyahat	5
doprava - ulaşım	8
mesto - şehir	10
terén - arazi	14
reštaurácia - restoran	17
supermarket - süpermarket	20
nápoje - içecekler	22
jedlo - yemek	23
farma - çiftlik	27
dom - ev	31
obývačka - oturma odası	33
kuchyňa - mutfak	35
kúpeľňa - banyo	38
detská izba - çocuk odası	42
šatstvo - kıyafet	44
kancelária - ofis	49
hospodárstvo - ekonomi	51
povolania - meslekler	53
náradie - aletler	56
hudobné nástroje - müzik enstrümanı	57
ZOO - hayvanat bahçesi	59
šport - sporlar	62
aktivity - etkinlikler	63
rodina - aile	67
telo - vücut	68
nemocnica - hastane	72
urgentný prípad - acil	76
Zem - dünya	77
hodiny - saat	79
týždeň - hafta	80
rok - yıl	81
tvary - şekiller	83
farby - renkler	84
protiklady - zıt anlamlılar	85
čísla - sayılar	88
jazyky - diller	90
kto/čo/ako - kim / ne / nasıl	91
kde - nerede	92

AF216148

Impressum
Verlag: BABADADA GmbH, Nedderfeld 112 , 22529 Hamburg
Geschäftsführer / Verlagsleitung: Harald Hof
Druck: Books on Demand GmbH, In de Tarpen 42, 22848 Norderstedt

Imprint
Publisher: BABADADA GmbH, Nedderfeld 112 , 22529 Hamburg, Germany
Managing Director / Publishing direction: Harald Hof
Print: Books on Demand GmbH, In de Tarpen 42, 22848 Norderstedt

škola
okul

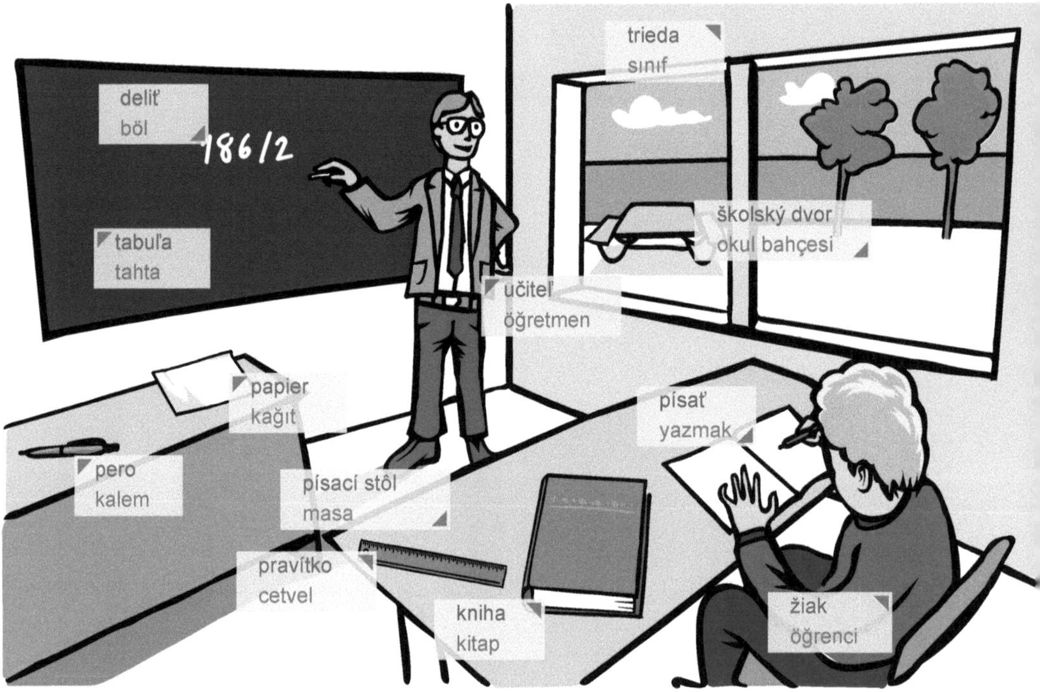

trieda
sınıf
deliť
böl
186/2
tabuľa
tahta
školský dvor
okul bahçesi
učiteľ
öğretmen
papier
kağıt
písať
yazmak
pero
kalem
písací stôl
masa
pravítko
cetvel
kniha
kitap
žiak
öğrenci

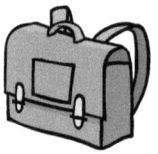

školská taška

okul çantası

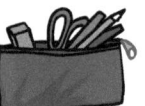

peračník

kalemlik

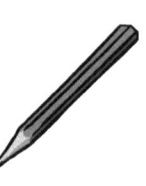

ceruza

kurşun kalem

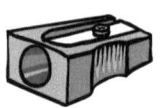

strúhadlo na ceruzky

kalem açacağı

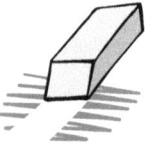

guma

silgi

skicár

çizim defteri

kresba

çizim

štetec

resim fırçası

vodové farby

boya kutusu

nožnice

makas

lepidlo

tutkal

cvičný zošit

alıştırma kitabı

domáca úloha

ödev

12

číslo

sayı

2+2

sčítať

ekle

5-2

odčítať

çıkar

2×2

násobiť

çarp

počítať

hesapla

A

písmeno

harf

ABCDEFG HIJKLMN OPQRSTU VWXYZ

abeceda

alfabe

hello

slovo

kelime

text

metin

čítať

okumak

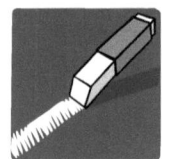

krieda

tebeşir

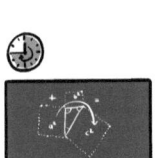

hodina

ders

triedna kniha

kayıt

skúška

sınav

certifikát

sertifika

školská uniforma

okul forması

vzdelanie

eğitim

encyklopédia

ansiklopedi

univerzita

üniversite

mikroskop

mikroskop

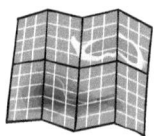

mapa

harita

kôš na papier

kağıt çöp kutusu

cesta
seyahat

hotel
otel
Grand
nocľaháreň
pansiyon
ROOMS
zmenáreň
döviz bürosu
EXCHANGE
kufor
bavul
auto
otomobil

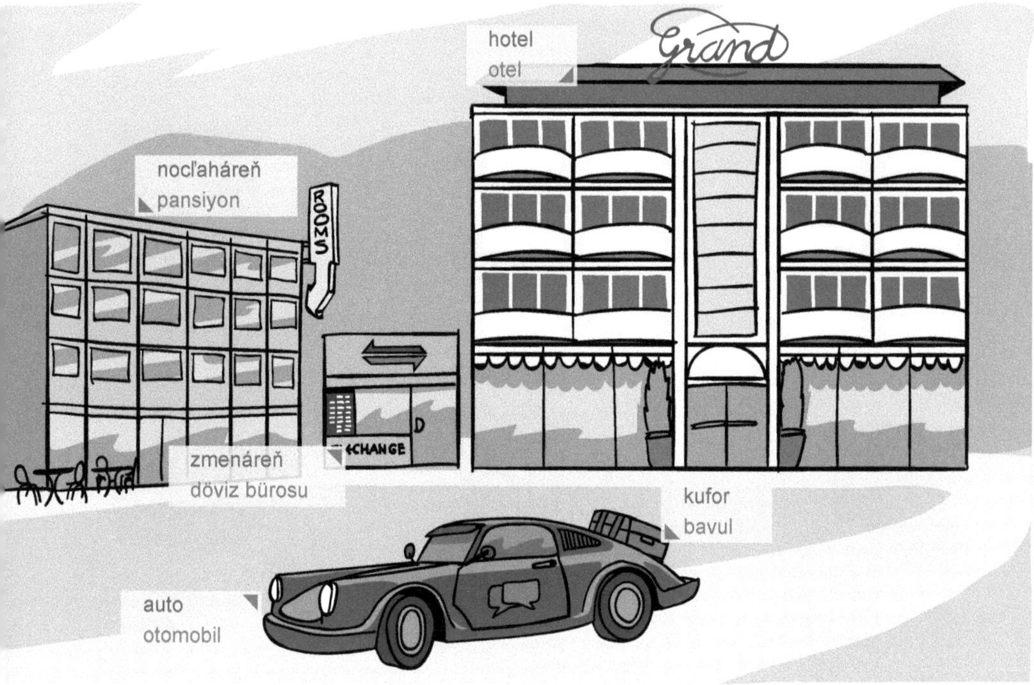

jazyk

dil

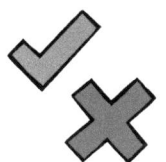

áno/nie

evet / hayır

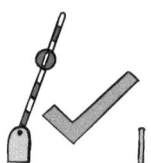

v poriadku

Tamam

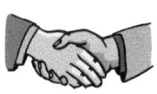

ahoj

merhaba

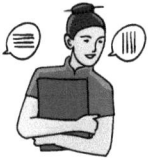

prekladateľ

çevirmen

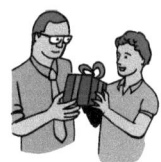

ďakujem

Teşekkür ederim

Koľko stojí … ?

bu … ne kadar?

Nerozumiem

anlamadım

problém

problem

Dobrý večer!

İyi akşamlar!

Dobré ráno!

Günaydın!

Dobrú noc!

İyi geceler!

Dovidenia

güle güle

smer

yön

batožina

bagaj

taška

çanta

batoh

sırt çantası

hosť

misafir

izba

oda

spacák

uyku tulumu

stan

çadır

informácie pre turistov	pláž	kreditná karta
turist danışma	sahil	kredi kartı

raňajky	obed	večera
kahvaltı	öğle yemeği	akşam yemeği
	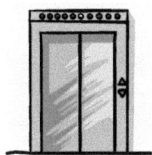	
cestovný lístok	výťah	poštová známka
Bilet	asansör	pul

hranica	clo	veľvyslanectvo
sınır	gümrük	elçilik

vízum	cestovný pas	
vize	pasaport	

doprava

ulaşım

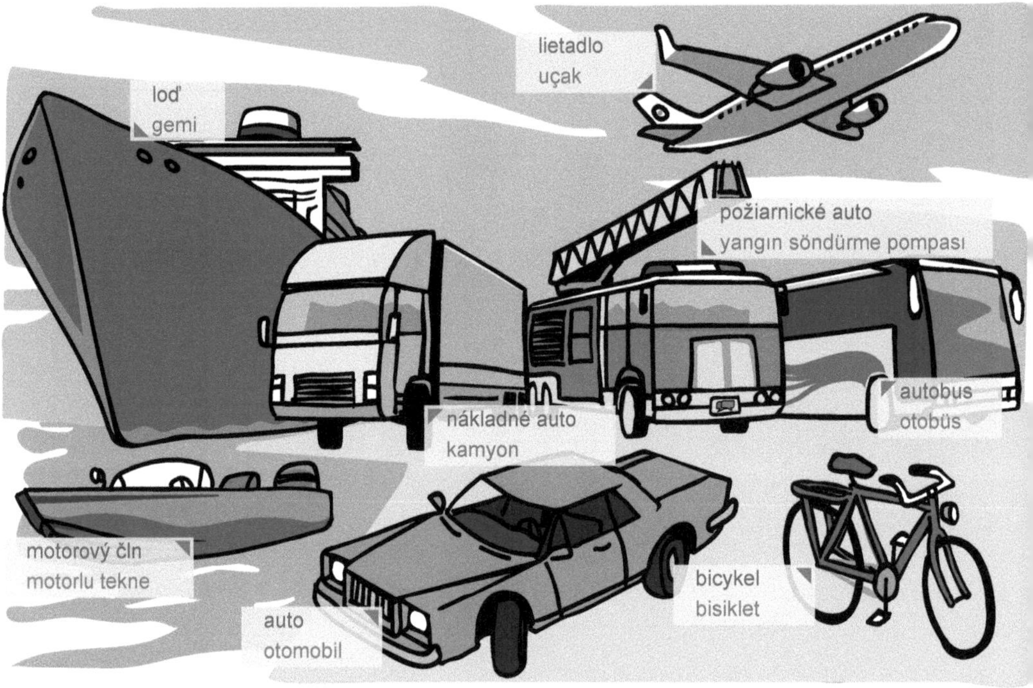

lietadlo
uçak
loď
gemi
požiarnické auto
yangın söndürme pompası
autobus
otobüs
nákladné auto
kamyon
motorový čln
motorlu tekne
bicykel
bisiklet
auto
otomobil

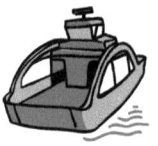

trajekt

feribot

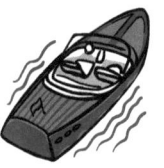

loď

bot

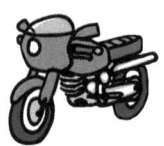

motorka

motosiklet

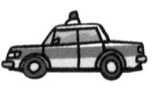

policajné auto

polis arabası

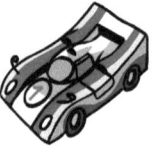

pretekárske auto

yarış arabası

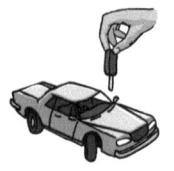

vozidlo z požičovne

kiralık araba

carsharing

ortak araba

odťahové auto

çekici

smetiarske auto

çöp kamyonu

motor

motor

benzín

yakıt

čerpacia stanica

benzinlik

dopravná značka

trafik işareti

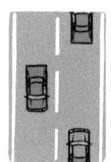

premávka

trafik

zápcha

trafik sıkışıklığı

parkovisko

otopark

vlaková stanica

tren istasyonu

trate

ray

vlak

tren

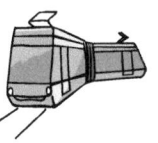

električka

tramvay

vagón

vagon

helikoptéra

helikopter

letisko

havaalanı

veža

kule

pasažier

yolcu

kontajner

konteyner

kartón

koli

vozík

yük arabası

kôš

sepet

štartovať / pristáť

kalkış / iniş

mesto

şehir

dedina

köy

centrum mesta

şehir merkezi

dom

ev

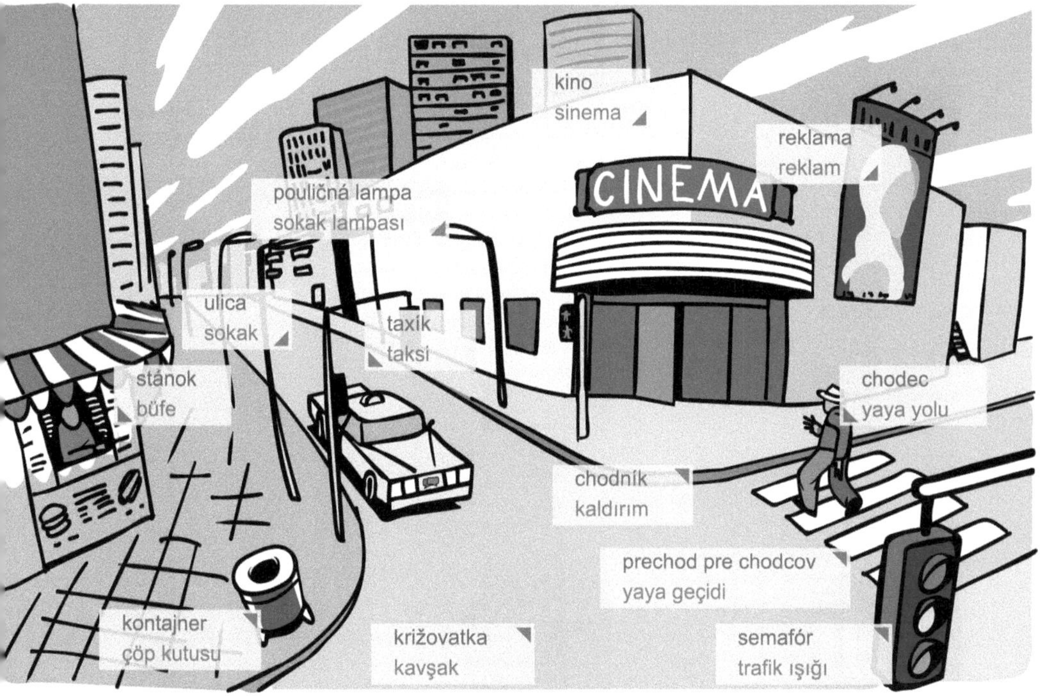

kino
sinema

reklama
reklam

pouličná lampa
sokak lambası

CINEMA

ulica
sokak

taxik
taksi

chodec
yaya yolu

stánok
bufe

chodník
kaldırım

prechod pre chodcov
yaya geçidi

kontajner
çöp kutusu

križovatka
kavşak

semafór
trafik ışığı

chata
kulübe

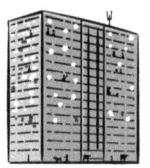

byt
apartman dairesi

vlaková stanica
tren istasyonu

radnica
belediye binası

múzeum
müze

škola
okul

mesto - şehir

11

univerzita

üniversite

banka

banka

nemocnica

hastane

hotel

otel

lekáreň

eczane

kancelária

ofis

kníhkupectvo

kitapçı

obchod

mağaza

kvetinárstvo

çiçekçi

supermarket

süpermarket

trh

market

obchodný dom

büyük mağaza

obchodník s rybami

balık satıcısı

nákupné stredisko

alışveriş merkezi

prístav

liman

park
park

lavička
bank

most
köprü

schody
merdiven

metro
metro

tunel
tünel

autobusová zastávka
otobüs durağı

bar
bar

reštaurácia
restoran

poštová schránka
posta kutusu

tabuľa s názvom ulice
sokak tabelası

parkovacie hodiny
otopark sayacı

ZOO
hayvanat bahçesi

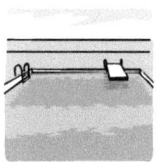

plaváreň
yüzme havuzu

mešita
cami

farma
çiftlik

znečisťovanie životného prostredia
kirlilik

cintorín
mezarlık

kostol
kilise

ihrisko
oyun alanı

chrám
tapınak

terén
arazi

list
yaprak

smerová tabuľa
yön tabelası

cesta
yol

lúka
çayır

kameň
taš

strom
ağaç

turista
yürüyüşçü

rieka
ırmak

tráva
çimen

kvet
çiçek

dolina

vadi

kopec

tepe

jazero

göl

les

orman

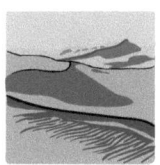

púšť

çöl

vulkán

volkan

zámok

kale

dúha

gökkuşağı

hríb

mantar

palma

palmiye

komár

sivrisinek

mucha

sinek

mravec

karınca

včela

arı

pavúk

örümcek

chrobák

böcek

žaba

kurbağa

veverička

sincap

jež

kirpi

zajac

yabani tavşan

sova

baykuş

vták

kuş

labuť

kuğu

diviak

yaban domuzu

jeleň

geyik

los

geyik

hrádza

baraj

veterná turbína

rüzgar türbini

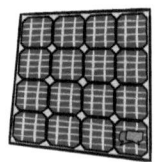

solárny panel

güneş paneli

podnebie

iklim

reštaurácia
restoran

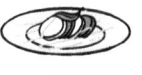

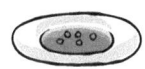

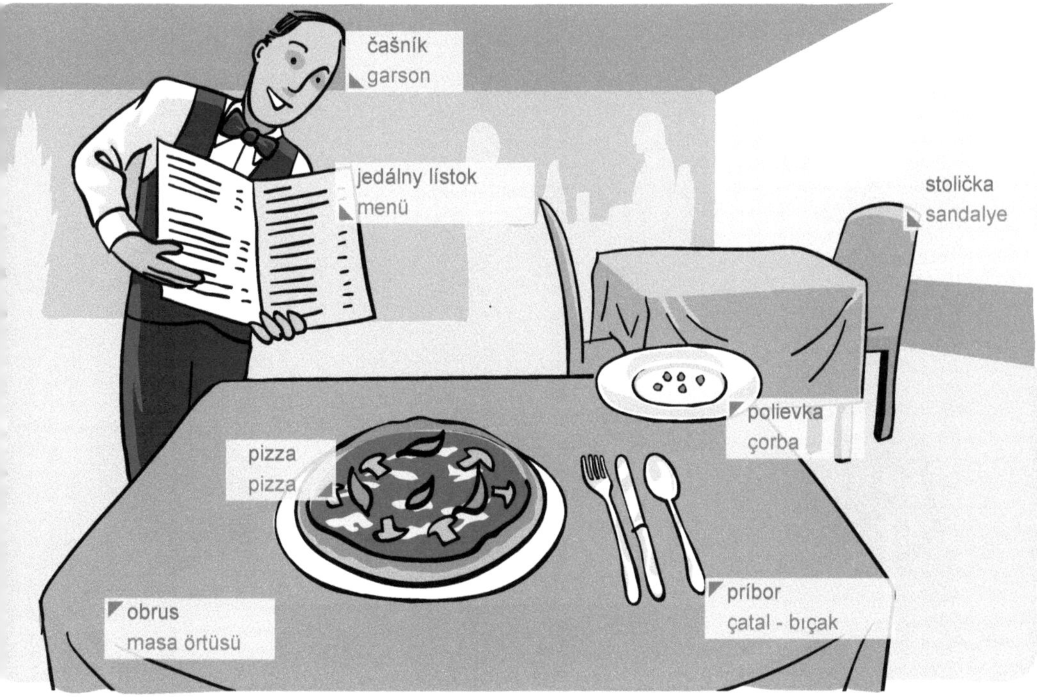
čašník
garson
jedálny lístok
menü
stolička
sandalye
polievka
çorba
pizza
pizza
príbor
çatal - bıçak
obrus
masa örtüsü

predjedlo

başlangıç

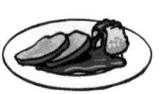

hlavné jedlo

ana yemek

zákusok

tatlı

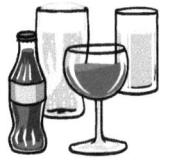

nápoje

içecekler

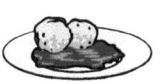

jedlo

yemek

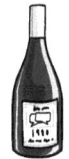

fľaša

şişe

fast-food
fastfood

street food
sokak yemeği

kanvica na čaj
çaydanlık

cukornička
şekerlik

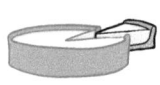

porcia
porsiyon

stroj na espresso
espresso makinesi

detská stolička
mama sandalyesi

účet
fatura

podnos
tepsi

nôž
bıçak

vidlička
çatal

lyžica
kaşık

čajová lyžička
çay kaşığı

obrúsok
servis peçetesi

pohár
bardak

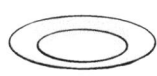

tanier

tabak

hlboký tanier

çorba kasesi

podšálka

fincan altlığı

omáčka

sos

soľnička

tuzluk

mlynček na korenie

karabiber değirmeni

ocot

sirke

olej

yağ

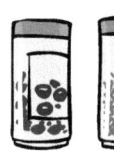

korenie

baharat

kečup

ketçap

horčica

hardal

majonéza

mayonez

supermarket
süpermarket

špeciálna ponuka
özel teklif
FOR
klient
müşteri
mliečne výrobky
süt ürünleri
ovocie
meyve
nákupný vozík
alışveriş arabası

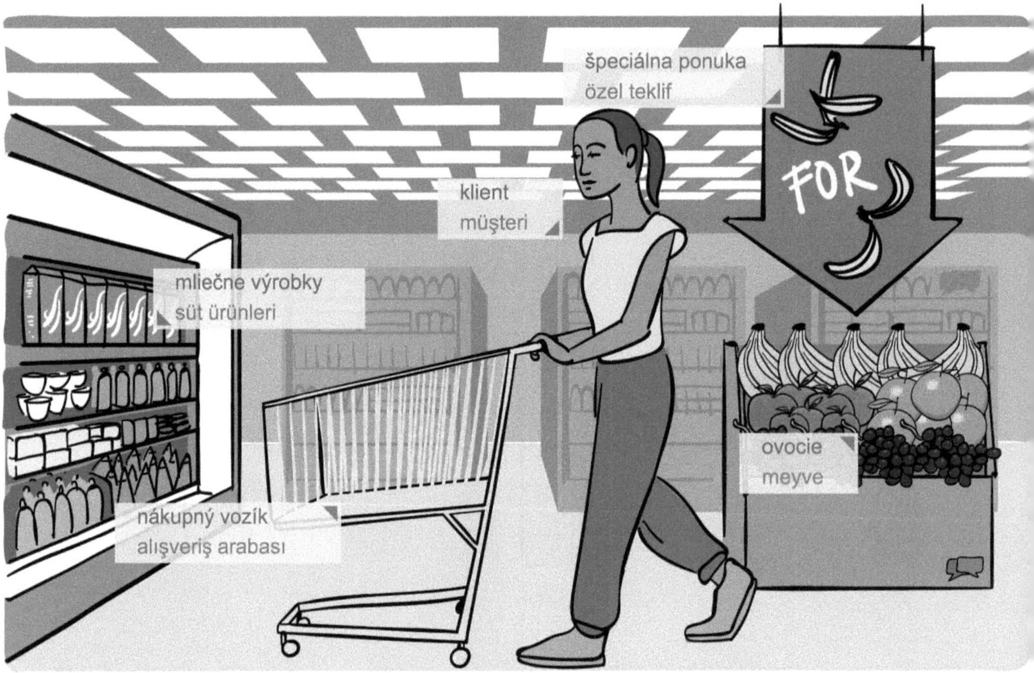

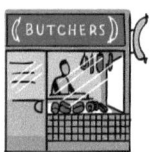

BUTCHERS

mäsiarstvo

kasap

BAKERY

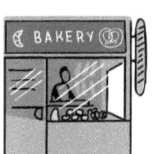

pekáreň

fırın

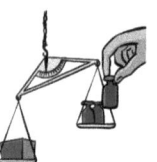

vážiť

tartmak

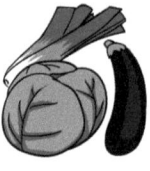

zelenina

sebze

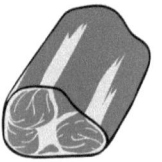

mäso

et

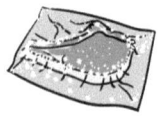

mrazené potraviny

donmuş gıda

nárez

söğüş et

konzervy

konserve yiyecek

prací prostriedok

toz deterjan

sladkosti

şekerlemeler

domáce potreby

ev temizlik ürünleri

čistiace prostriedky

temizlik ürünleri

predavačka

satış görevlisi

pokladňa

yazar kasa

pokladník

kasiyer

nákupný zoznam

alışveriş listesi

otváracie hodiny

açılış saatleri

peňaženka

cüzdan

kreditná karta

kredi kartı

taška

çanta

plastové vrecko

plastik poşet

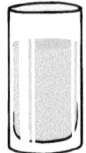

voda
su

džús
meyve suyu

mlieko
süt

kola
kola

víno
şarap

pivo
bira

alkohol
alkol

kakao
kakao

čaj
çay

káva
kahve

espresso
espresso

kapučíno
kapuçino

banán

muz

jablko

elma

pomaranč

portakal

melón

kavun

citrón

limon

mrkva

havuç

cesnak

sarımsak

bambus

bambu

cibuľa

soğan

hríb

mantar

orechy

çerez

rezance

makarna

špagety
....
spagetti

ryža
....
pirinç

šalát
....
salata

hranolky
....
cips

pečené zemiaky
....
patates kızartması

pizza
....
pizza

hamburger
....
hamburger

obložený chlebík
....
sandviç

rezeň
....
şinitzel

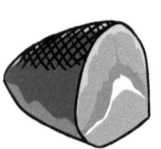

šunka
....
pastırma

saláma
....
salam

klobása
....
sosis

kurča
....
tavuk

pečené mäso
....
rosto

ryba
....
balık

ovsené vločky

yulaf ezmesi

müsli

müsli

kukuričné lupienky

mısır gevreği

múka

un

croissant

kruvasan

pečivo

küçük ekmek

chlieb

ekmek

hrianka

tost

sušienky

bisküvi

maslo

tereyağı

tvaroh

kaymak

koláč

kek

vajce

yumurta

volské oko

sahanda yumurta

syr

peynir

zmrzlina

dondurma

cukor

şeker

med

bal

lekvár

reçel

nugátová nátierka

fındık ezmesi

karí korenie

köri

sedliacky dom
çiftlik evi

stodola
tahıl ambarı

stoch slamy
sap toplama makinesi

pole
tarla

kôň
at

príves
römork

žriebä
tay

traktor
traktör

somár
eşek

jahňa
kuzu

ovca
koyun

koza	krava	teľa
keçi	inek	buzağı

prasa	prasiatko	býk
domuz	domuz yavrusu	boğa

hus

kaz

kačica

ördek

kuriatko

civciv

sliepka

tavuk

kohút

horoz

potkan

sıçan

mačka

kedi

myš

fare

vôl

öküz

pes

köpek

psia búda

köpek kulübesi

záhradná hadica

bahçe hortumu

krhla

sulama kabı

kosa

tırpan

pluh

pulluk

kosák

orak

motyka

çapa

vidly na hnoj

dirgen

sekera

balta

fúrik

el arabası

koryto

yemlik

kanva na mlieko

süt kovası

vrece

çuval

plot

çit

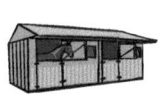

maštaľ

ahır

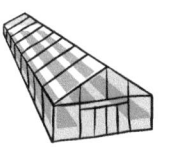

skleník

sera

pôda

toprak

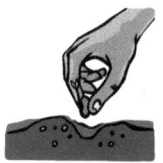

osivo

tohum

hnojivo

gübre

kombajn

biçerdöver

žať
hasat etmek

žatva
harman

batát
tatlı patates

pšenica
buğday

sója
soya

zemiak
patates

kukurica
mısır

repka
kolza

ovocný strom
meyve ağacı

maniok
manyok

obilie
hububat

komín
baca

strecha
çatı

dažďový odkvap
yağmur oluğu

okno
pencere

garáž
garaj

zvonček
kapı zili

dvere
kapı

odpadkový kôš
çöp kutusu

poštová schránka
posta kutusu

záhrada
bahçe

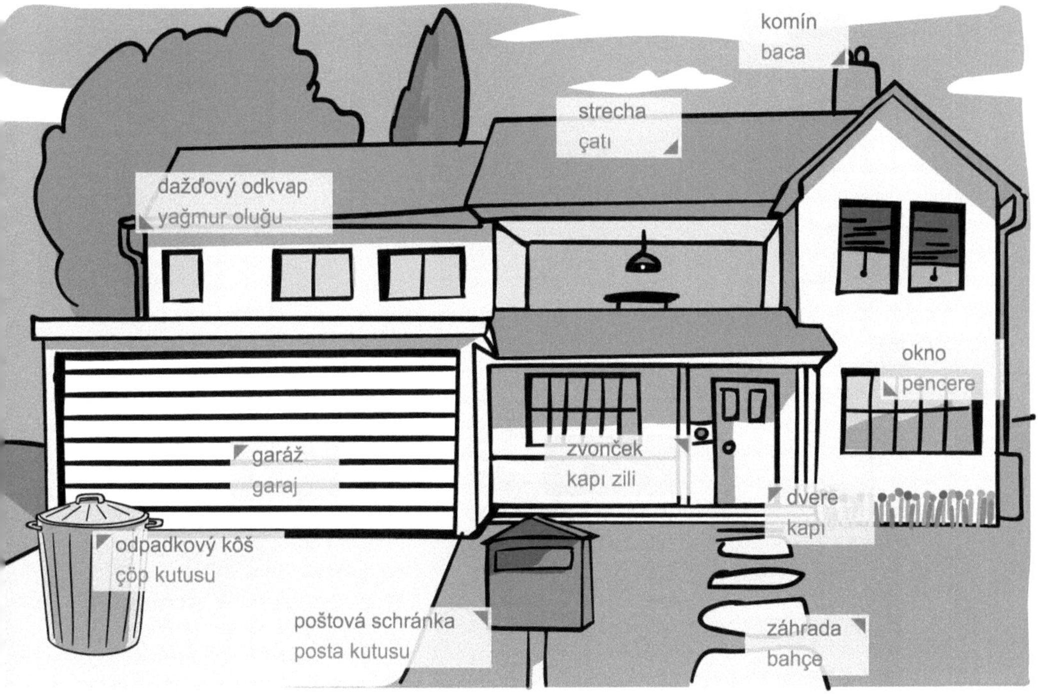

obývačka

oturma odası

kúpeľňa

banyo

kuchyňa

mutfak

spálňa

yatak odası

detská izba

çocuk odası

jedáleň

yemek odası

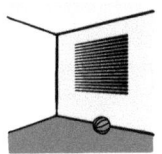

podlaha

zemin

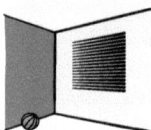

stena

duvar

strop

tavan

pivnica

kiler

sauna

sauna

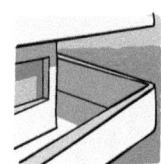

balkón

balkon

terasa

teras

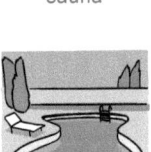

bazén

havuz

kosačka

çim biçme makinesi

obliečka

çarşaf

posteľná prikrývka

yatak örtüsü

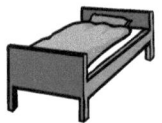

posteľ

yatak

metla

süpürge

vedro

kova

vypínač

anahtar

obývačka
oturma odası

tapeta
duvar kağıdı
obraz
resim
lampa
lamba
regál
raf
skriňa
dolap
televízor
televizyon
kozub
şömine
kvet
çiçek
vankúš
minder
pohovka
kanepe
váza
vazo
diaľkové ovládanie
uzaktan kumanda

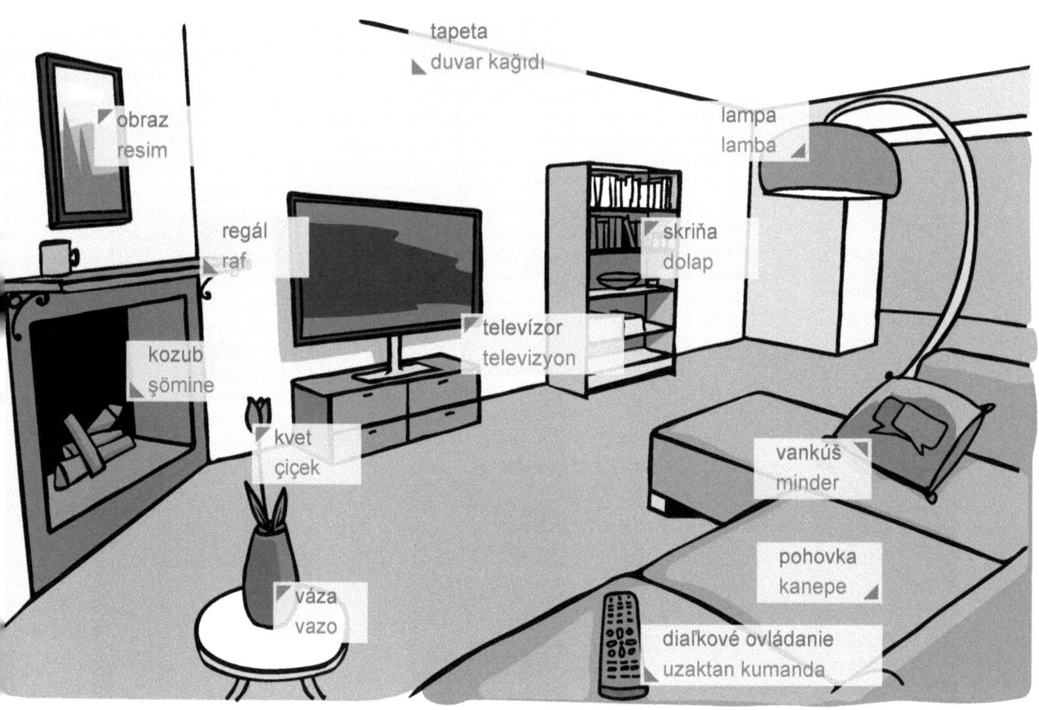

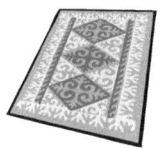

koberec

halı

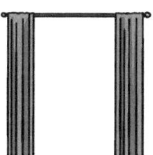

záclona

perde

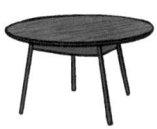

stôl

masa

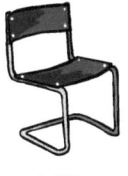

stolička

sandalye

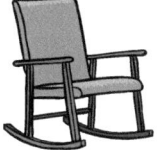

hojdacie kreslo

salıncaklı koltuk

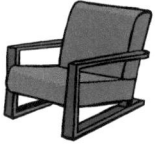

kreslo

koltuk

kniha

kitap

prikrývka

battaniye

dekorácia

dekor

drevo na kúrenie

odun

film

film

hi-fi veža

hi-fi

kľúč

anahtar

noviny

gazete

maľba

tablo

plagát

poster

rádio

radyo

zápisník

defter

vysávač

elektrikli süpürge

kaktus

kaktüs

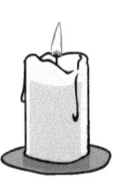

sviečka

mum

obývačka - oturma odası

kuchyňa
mutfak

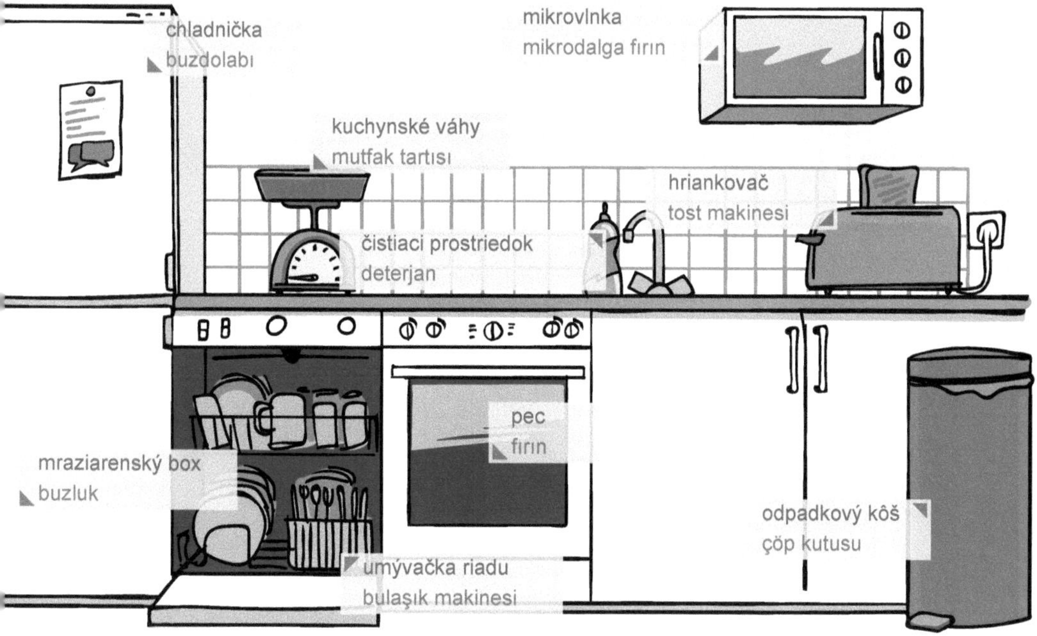
chladnička
buzdolabı
mikrovlnka
mikrodalga fırın
kuchynské váhy
mutfak tartısı
hriankovač
tost makinesi
čistiaci prostriedok
deterjan
pec
fırın
mraziarenský box
buzluk
odpadkový kôš
çöp kutusu
umývačka riadu
bulaşık makinesi

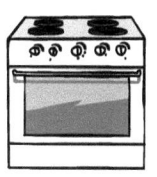

sporák
ocak

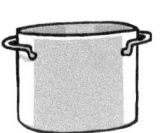

hrniec
tencere

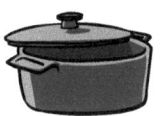

železný hrniec
döküm tencere

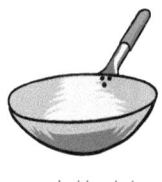

wok / kadai
wok

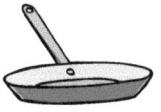

panvica
tava

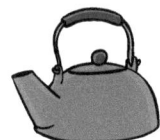

rýchlovarná kanvica
su ısıtıcı

parný hrniec

buharlı pişirici

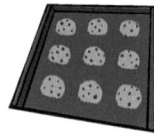

plech na pečenie

pişirme tepsisi

riad

tabak takımı

pohár

kupa

misa

kase

paličky

çubuk (çin yemeği)

naberačka na polievku

kepçe

stierka

spatula

metlička

çırpma teli

cedidlo

süzgeç

sitko

elek

strúhadlo

rende

mažiar

havan

gril

barbekü

ohnisko

açık ateş

doska na krájanie

kesme tahtası

valček na cesto

merdane

vývrtka

tirbüşon

konzerva

konserve kutusu

otvárač na konzervy

konserve açacağı

chňapka

fırın eldiveni

výlevka

evye

kefa

fırça

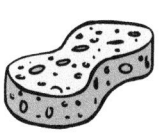

hubka

sünger

mixér

blender

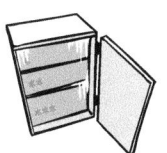

mraznička

derin dondurucu

kojenecká fľaša

biberon

vodovodný kohútik

musluk

kúpeľňa
banyo

kúrenie
ısıtma
uterák
havlu
sprcha
duş
sprchový záves
duş perdesi
pena do kúpeľa
köpük banyosu
vaňa
küvet
pohár
bardak
práčka
çamaşır makinesi
vodovodný kohútik
musluk
dlaždice
fayans
nočník
lazımlık
výlevka
evye

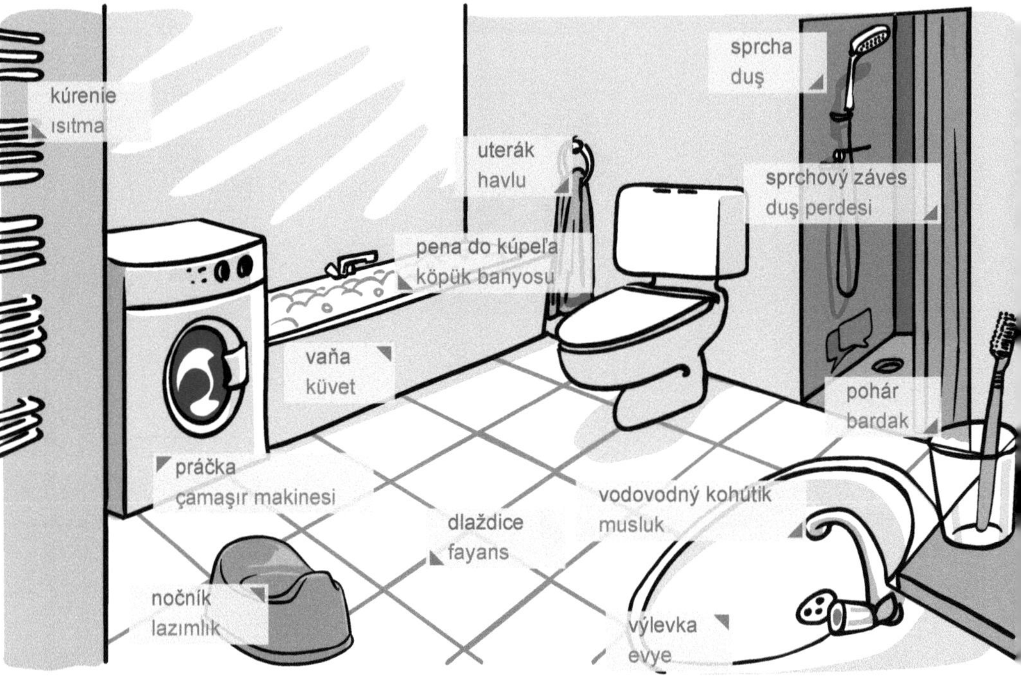

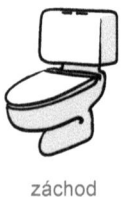

záchod
tuvalet

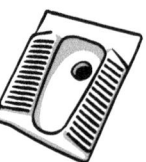

suchý záchod
alaturka tuvalet

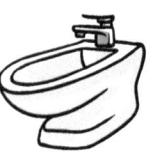

bidet
bide

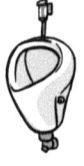

pisoár
pisuvar

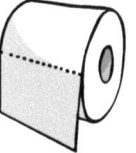

toaletný papier
tuvalet kağıdı

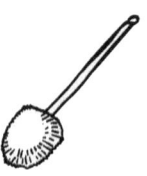

záchodová kefa
tuvalet fırçası

zubná kefka

diş fırçası

zubná pasta

diş macunu

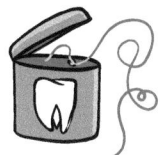

dentálna niť

diş ipi

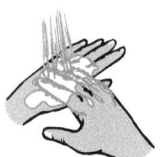

umývať

yıkamak

ručná sprcha

duş başlığı

sprcha pre intímnu hygienu

duş başlığı şeklinde taharet musluğu

umývadlo

küvet

kefa na chrbát

banyo fırçası

mydlo

sabun

sprchový gél

duş jeli

šampón

şampuan

frotírová rukavica

banyo lifi

odtok

gider

krém

krem

dezodorant

deodorant

zrkadlo

ayna

kozmetické zrkadlo

el aynası

žiletka

jilet

pena na holenie

tıraş köpüğü

voda po holení

tıraş losyonu

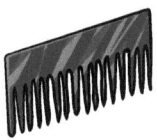

hrebeň

tarak

kefa

fırça

sušič vlasov

saç kurutma makinesi

sprej na vlasy

saç spreyi

make-up

makyaj

rúž

ruj

lak na nechty

tırnak cilası

vata

pamuk

nožnice na nechty

tırnak makası

parfum

parfüm

kozmetická taška

makyaj çantası

stolček

tabure

váha

tartı

kúpací plášť

bornoz

gumové rukavice

lastik eldiven

tampón

tampon

menštruačná vložka

kadın pedi

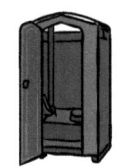

chemické WC

kimyevi tuvalet

detská izba
çocuk odası

budík
çalar saat
plyšová hračka
peluş oyuncak
hračkárske auto
oyuncak araba
hrkálka
çıngırak
domček pre bábiky
bebek evi
dar
hediye

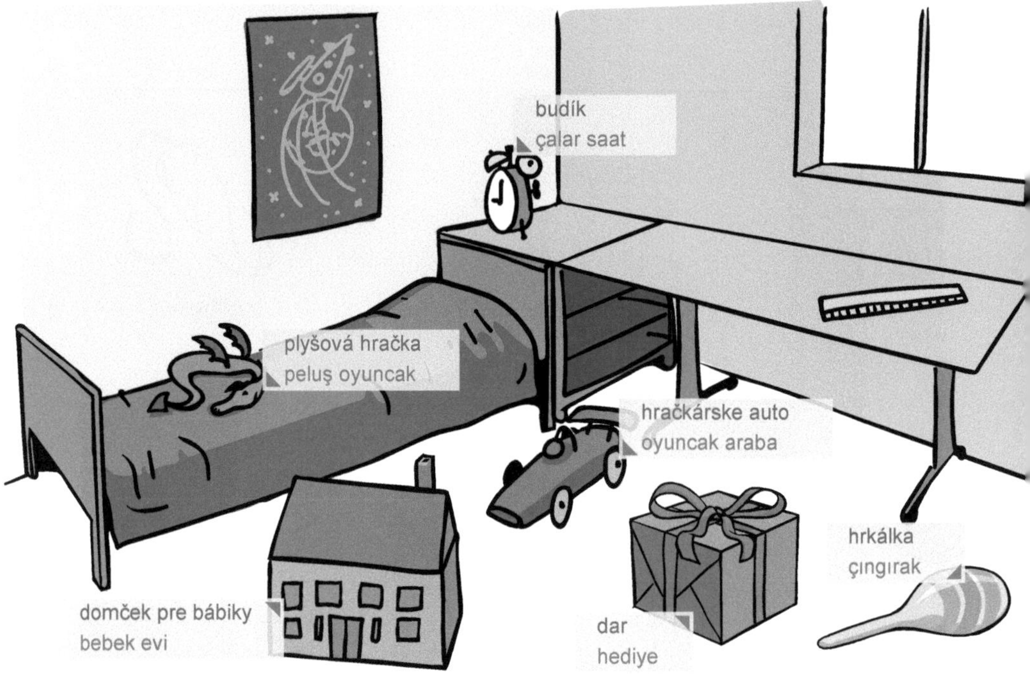

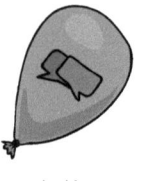

balón
balon

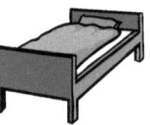

posteľ
yatak

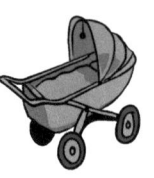

detský kočík
bebek arabası

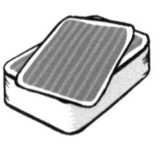

karty
kart destesi

puzzle
yapboz

SUPER
MEGA

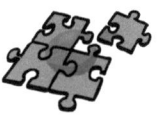

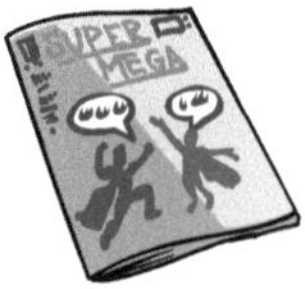

komix
çizgi roman

skladačka lego

lego tuğlaları

stavebnica

lego blokları

akčná postavička

aksiyon figürü

dupačky

zıbın

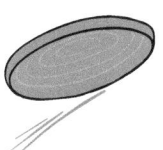

lietajúci tanier

frizbi

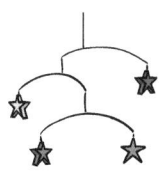

závesné hračky

dönence

stolová hra

masa oyunu

kocka

zar

modelový vláčik

model tren seti

cumlík

emzik

párty

parti

obrázková kniha

resimli kitap

lopta

top

bábika

oyuncak bebek

hrať sa

oynamak

pieskovisko

kum havuzu

hojdačka

salıncak

hračky

oyuncaklar

hracia konzola

video oyun konsolu

trojkolka

üç tekerlekli bisiklet

medvedík

oyuncak ayı

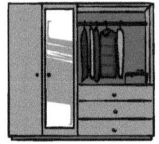

šatník

gardırop

šatstvo

kıyafet

ponožky

čorap

pančuchy

külotlu çorap

pančuchové nohavičky

tayt

šál
eşarp

opasok
kemer

dáždnik
şemsiye

tričko
tişört

čižmy
bot

papuče
terlik

tenisky
spor ayakkabı

sandále
sandalet

topánky
ayakkabı

gumáky
lastik çizme

spodky
külot

podprsenka
sütyen

tielko
yelek

šatstvo - kıyafet

body

dar bluz

nohavice

pantolon

džínsy

kot pantolon

sukňa

etek

blúzka

bluz

košeľa

gömlek

pulóver

kazak

sveter

süveter

blejzer

blazer

bunda

ceket

kabát

mont

pršiplášť

yağmurluk

kostým

kostüm

šaty

elbise

svadobné šaty

gelinlik

oblek

takım elbise

nočná košeľa

gecelik

pyžamo

pijama

sari

sari

šatka na hlavu

baş örtüsü

turban

türban

burka

burka

kaftan

kaftan

abaja

çarşaf

dvojdielne plavky

mayo

plavky

erkek mayosu

šortky

şort

tepláková súprava

eşofman

zástera

önlük

rukavice

eldiven

gombík

düğme

okuliare

gözlük

náramok

bilezik

retiazka

kolye

prsteň

yüzük

náušnica

küpe

čiapka

kep

vešiak

portmanto

klobúk

şapka

kravata

kravat

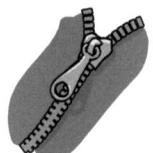

zips

fermuar

prilba

kask

traky

pantolon askısı

školská uniforma

okul forması

uniforma

üniforma

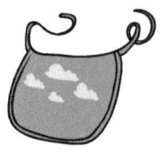

podbradník

mama önlüğü

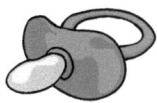

cumlík

emzik

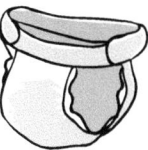

plienka

bebek bezi

kancelária

ofis

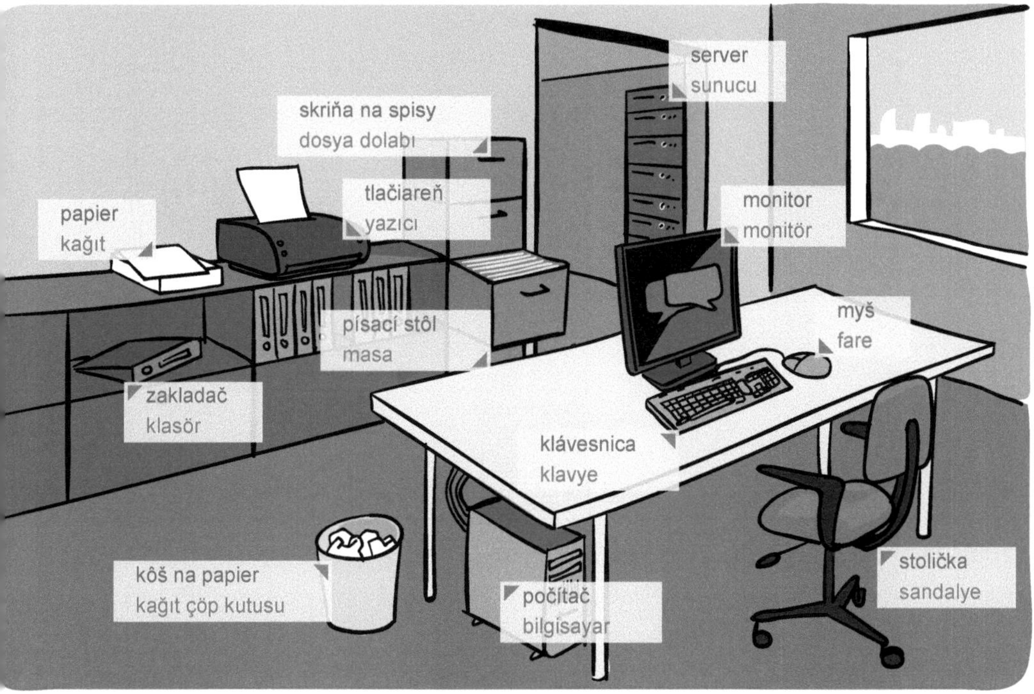
server
sunucu
skriňa na spisy
dosya dolabı
tlačiareň
yazıcı
papier
kağıt
monitor
monitör
myš
fare
písací stôl
masa
zakladač
klasör
klávesnica
klavye
kôš na papier
kağıt çöp kutusu
počítač
bilgisayar
stolička
sandalye

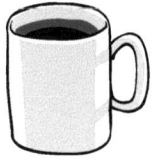

hrnček na kávu

kahve fincanı

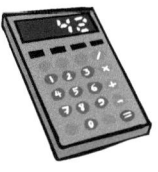

kalkulačka

hesap makinesi

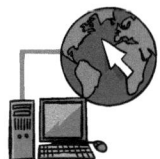

internet

internet

laptop

dizüstü

list

mektup

správa

mesaj

mobil

cep telefonu

sieť

ağ

kopírka

fotokopi makinesi

softvér

yazılım

telefón

telefon

elektrická zásuvka

priz

fax

faks makinesi

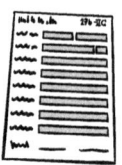

formulár

form

doklad

belge

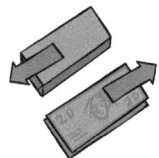

kúpiť

satın almak

platiť

ödemek

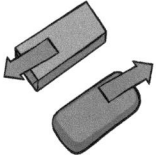

obchodovať

ticaret yapmak

peniaze

para

dolár

dolar

euro

avro

jen

yen

rubeľ

ruble

švajčiarsky frank

İsviçre frangı

čínsky jüan

Çin yuanı

rupia

rupi

bankomat

kasa

zmenáreň

döviz bürosu

zlato

altın

striebro

gümüş

ropa

petrol

energia

enerji

cena

fiyat

zmluva

kontrat

daň

vergi

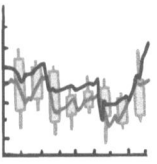

akcia

menkul değer

pracovať

çalışmak

zamestnanec

işveren

zamestnávateľ

işçi

továreň

fabrika

obchod

mağaza

povolania
meslekler

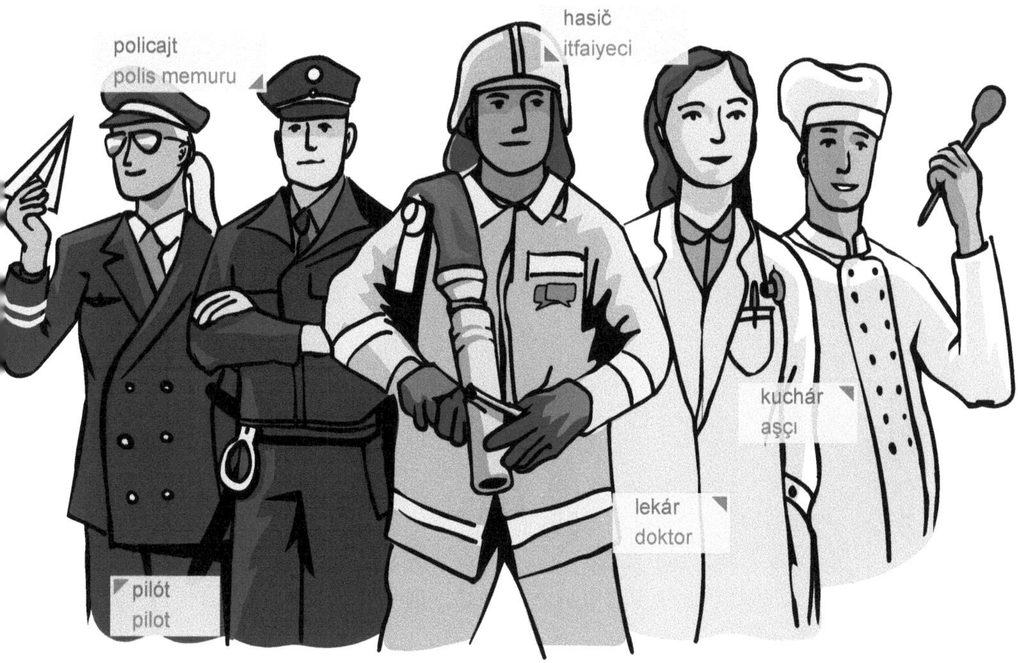

policajt
polis memuru
hasič
itfaiyeci
kuchár
aşçı
lekár
doktor
pilót
pilot

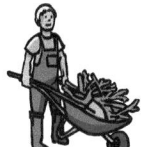

záhradník

bahçıvan

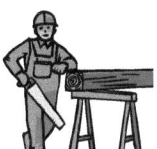

stolár

marangoz

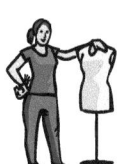

krajčírka

terzi

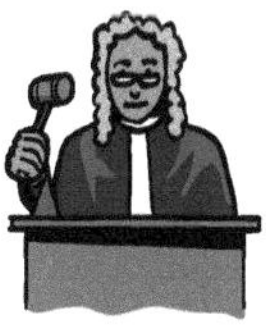

sudca

hakim

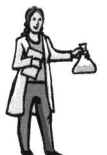

chemik

kimyager

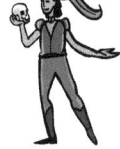

herec

aktör

vodič autobusu

otobüs şoförü

taxikár

taksi şoförü

rybár

balıkçı

upratovačka

temizlikçi

pokrývač

çatı ustası

čašník

garson

poľovník

avcı

maliar

boyacı

pekár

fırıncı

elektrikár

elektrikçi

stavebný robotník

inşaatçı

inžinier

mühendis

mäsiar

kasap

klampiar

muslukçu

poštár

postacı

vojak

asker

architekt

mimar

pokladník

kasiyer

kvetinár

çiçekçi

kaderník

kuaför

sprievodca

kondüktör

mechanik

tamirci

kapitán

kaptan

zubár

dişçi

vedec

bilim insanı

rabín

haham

imám

imam

mních

keşiş

farár

rahip

náradie
aletler

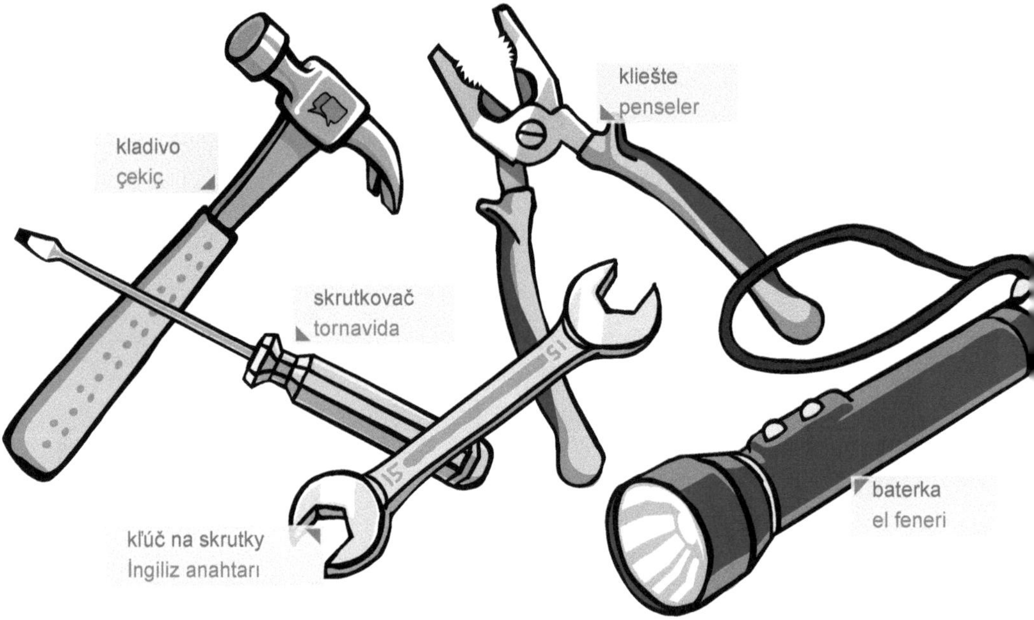
kladivo
çekiç
kliešte
penseler
skrutkovač
tornavida
baterka
el feneri
kľúč na skrutky
İngiliz anahtarı

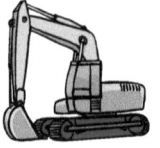

bager

kazı makinesi

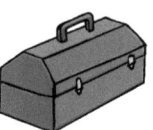

súprava náradia

alet çantası

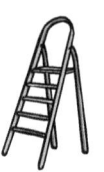

rebrík

merdiven

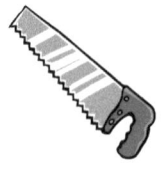

pílka

testere

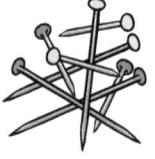

klince

çiviler

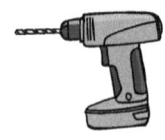

vrták

matkap

opraviť

tamir etmek

lopata

kürek

Do čerta!

Kahretsin!

lopatka na smeti

faraş

nádoba s farbou

boya tenekesi

skrutky

vidalar

hudobné nástroje
müzik enstrümanı

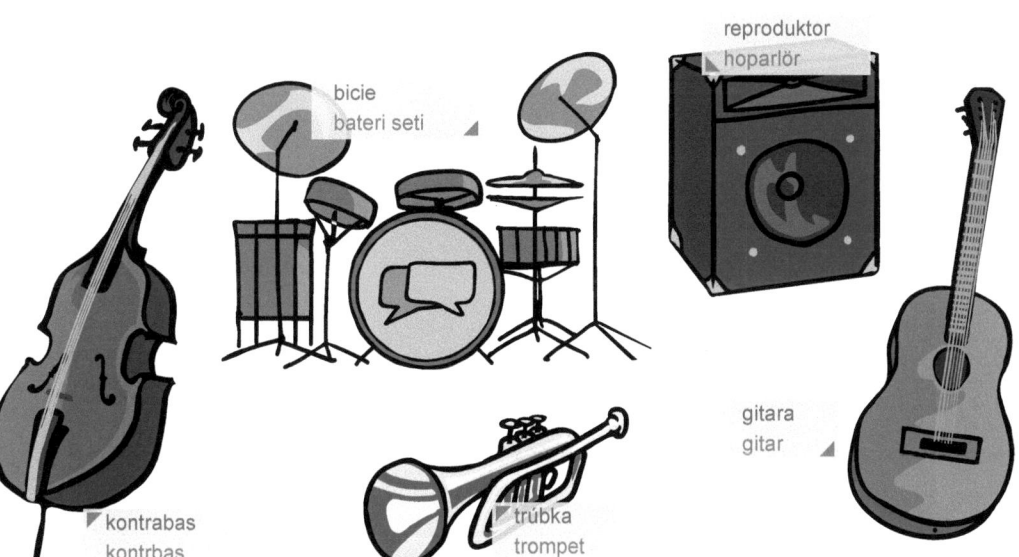

reproduktor
hoparlör

bicie
bateri seti

gitara
gitar

kontrabas
kontrbas

trúbka
trompet

klavír

piyano

husle

keman

basa

basgitar

tympany

timpani

bubon

bateri

klávesnica

klavye

saxofón

saksafon

flauta

flüt

mikrofón

mikrofon

ZOO
hayvanat bahçesi

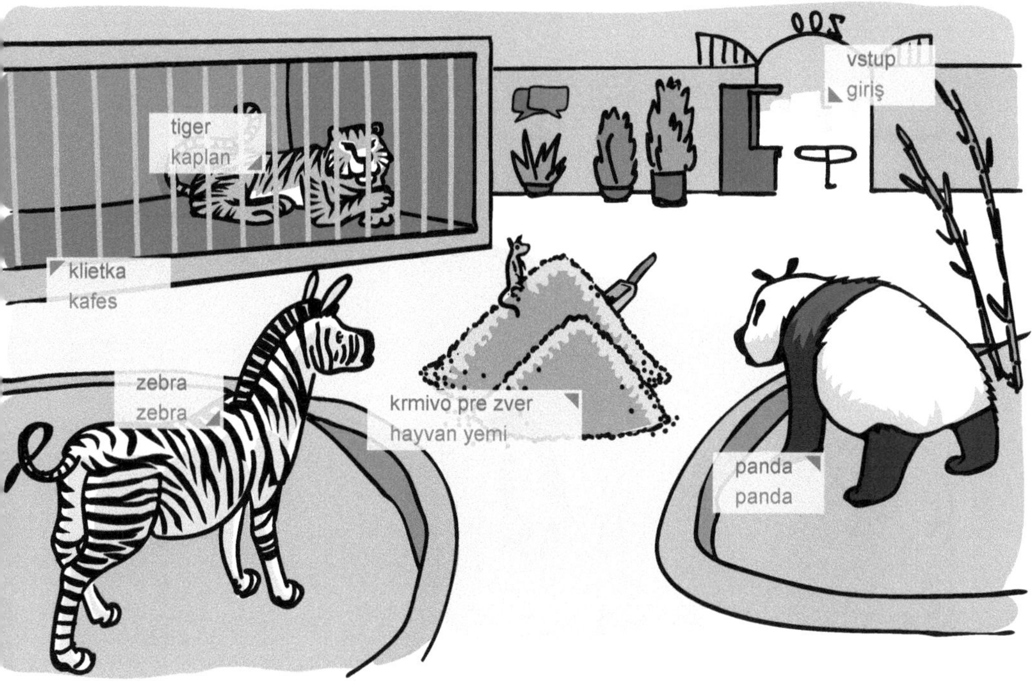

tiger
kaplan
vstup
giriş
klietka
kafes
zebra
zebra
krmivo pre zver
hayvan yemi
panda
panda

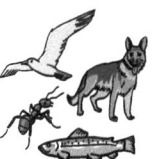

zvieratá

hayvanlar

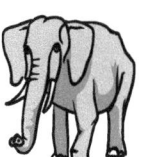

slon

fil

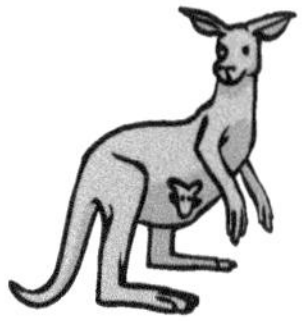

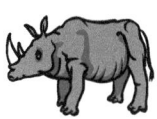

klokan

kanguru

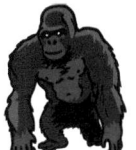

nosorožec

gergedan

gorila

goril

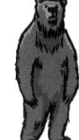

medveď

ayı

ťava

deve

pštros

deve kuşu

lev

aslan

opica

maymun

plameniak

flamingo

papagáj

papağan

ľadový medveď

kutup ayısı

tučniak

penguen

žralok

köpek balığı

páv

tavus kuşu

had

yılan

krokodíl

timsah

ošetrovateľ v ZOO

hayvanat bahçesi görevlisi

tuleň

fok

jaguár

jaguar

poník

midilli atı

leopard

leopar

hroch

su aygırı

žirafa

zürafa

orol

kartal

diviak

yaban domuzu

ryba

balık

korytnačka

kaplumbağa

mrož

mors

líška

tilki

gazela

ceylan

americký futbal
amerikan futbolu

cyklistika
bisiklete binme

tenis
tenis

basketbal
basketbol

plávanie
yüzme

box
boks

hokej
buz hokeyi

futbal	bedminton	ľahká atletika
futbol	badminton	atletizm

hádzaná	lyžovanie	pólo
hentbol	kayak	polo

aktivity
etkinlikler

skočiť
atlamak
objať
sarılmak
smiať sa
gülmek
chodiť
yürümek
spievať
söylemek
snívať
hayal etmek
modliť sa
dua etmek
pobozkať
öpmek

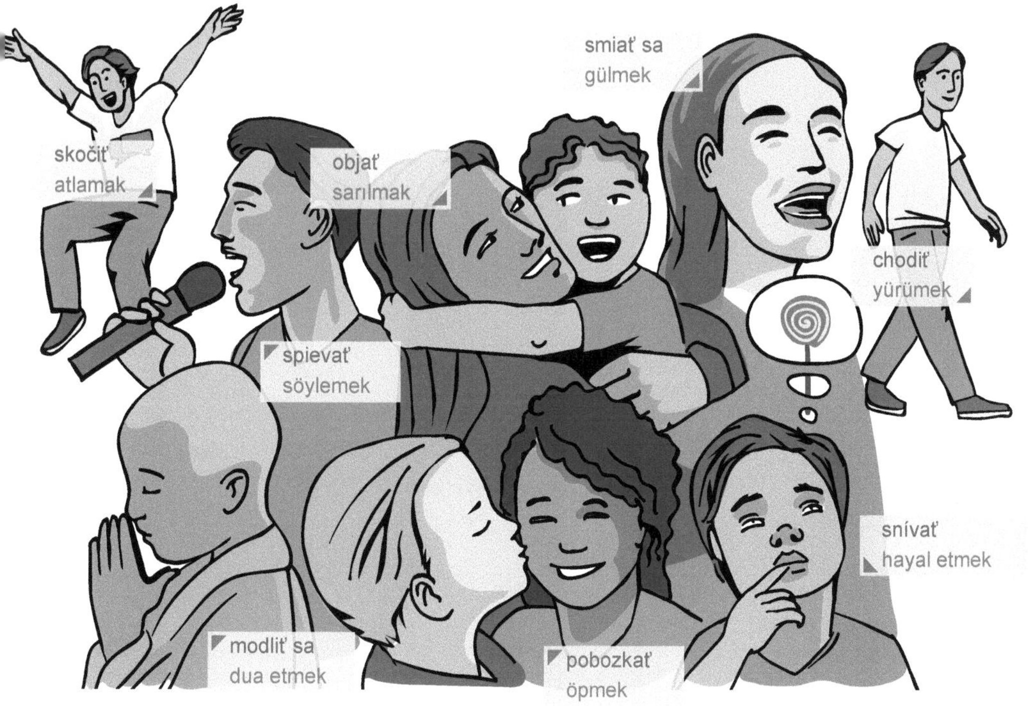

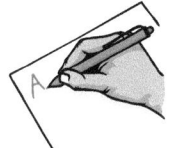

písať
yazmak

kresliť
çizmek

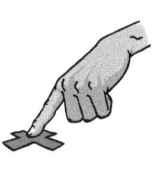

ukázať
göstermek

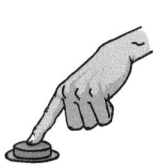

tlačiť
itmek

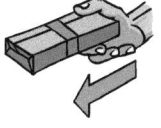

dať
vermek

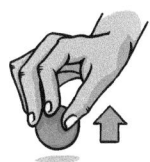

brať
almak

mať

sahip olmak

robiť

yapmak

byť

olmak

stáť

ayakta durmak

bežať

koşmak

ťahať

çekmek

hádzať

atmak

padnúť

düşmek

ležať

yalan söylemek

čakať

beklemek

nosiť

taşımak

sedieť

oturmak

obliecť sa

giyinmek

spať

uyumak

zobudiť sa

uyanmak

pozerať

bakmak

plakať

ağlamak

hladkať

vurmak

česať

taramak

hovoriť

konuşmak

rozumieť

anlamak

pýtať sa

sormak

počuť

dinlemek

piť

içmek

jesť

yemek

upratať

düzenlemek

milovať

sevmek

variť

pişirmek

jazdiť

sürmek

letieť

uçmak

plachtiť

denize açılmak

počítať

hesapla

čítať

okumak

učiť sa

öğrenmek

pracovať

çalışmak

oženiť

evlenmek

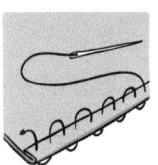

šiť

dikmek

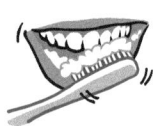

čistiť zuby

diş fırçalamak

zabiť

öldürmek

fajčiť

sigara içmek

poslať

yollamak

rodina
aile

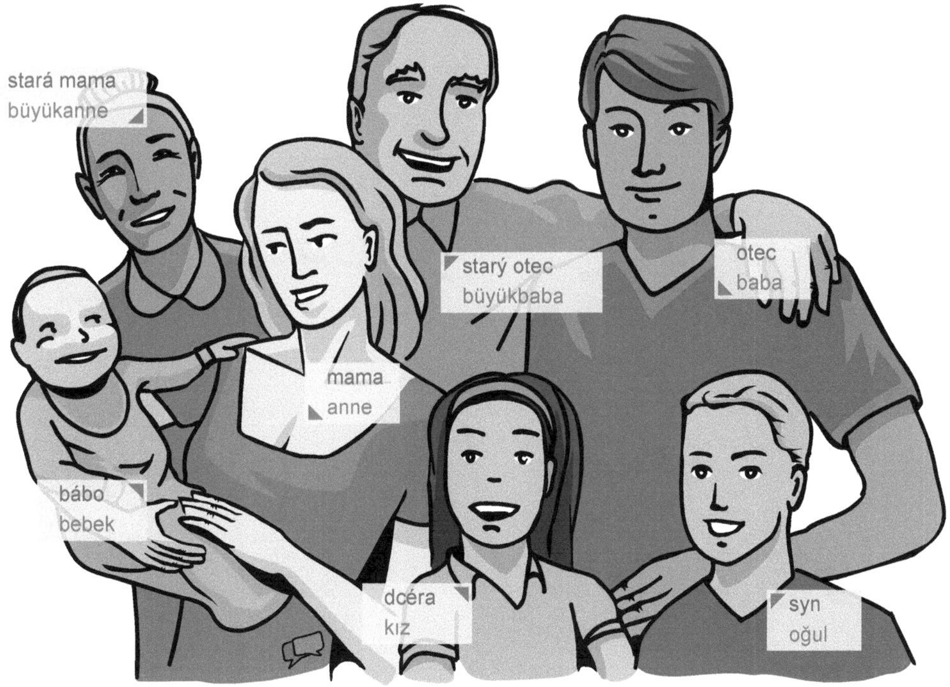
stará mama
büyükanne
starý otec
büyükbaba
otec
baba
mama
anne
bábo
bebek
dcéra
kız
syn
oğul

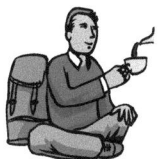

hosť

misafir

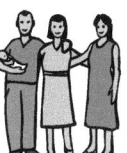

teta

teyze

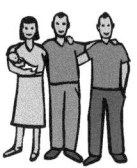

strýko

amca

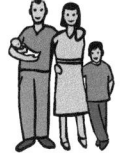

brat

erkek kardeş

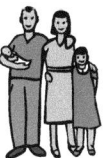

sestra

kız kardeş

telo

vücut

čelo
alın
oko
göz
plece
omuz
prst
parmak
tvár
yüz
brada
çene
ruka
el
noha
bacak
hruď
göğüs
rameno
kol

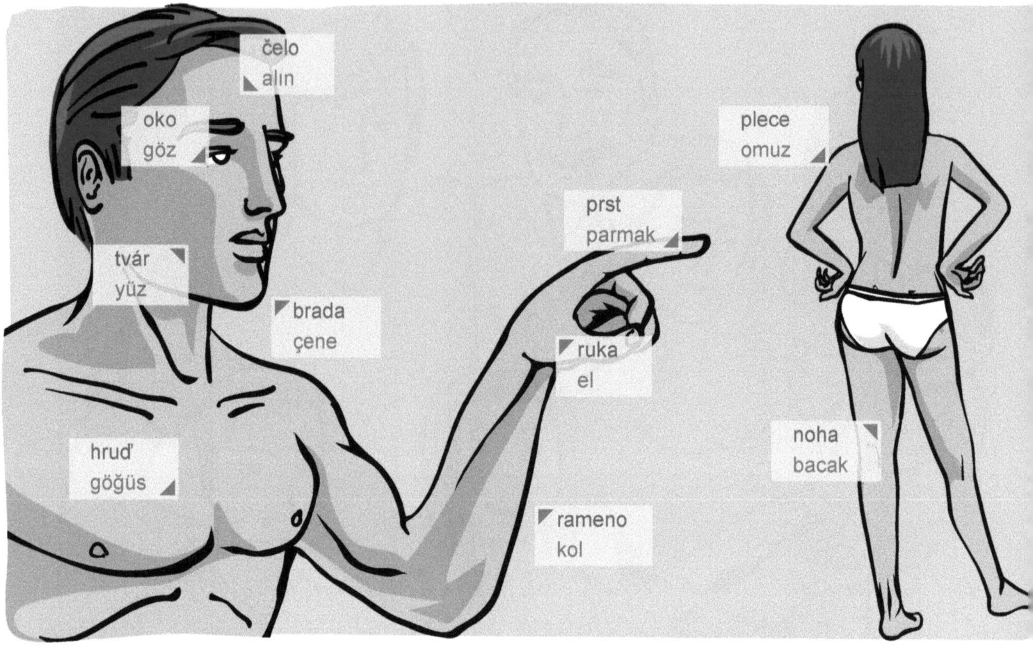

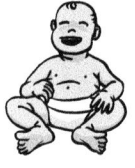

bábo
bebek

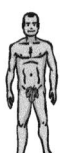

muž
adam

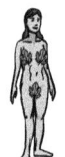

žena
kadın

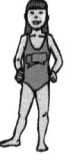

dievča
kız

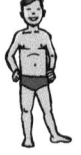

chlapec
erkek çocuk

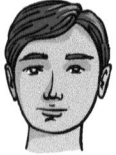

hlava
baş

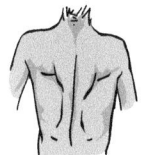

chrbát
sırt

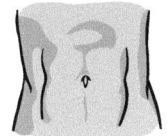

brucho
karın

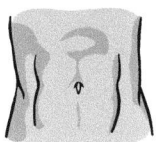

pupok
göbek

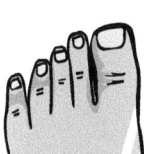

prst na nohe
ayak parmağı

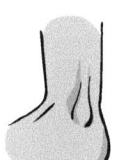

päta
topuk

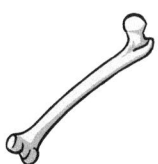

kosť
kemik

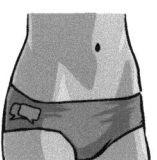

bok
kalça

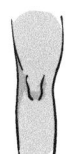

koleno
diz

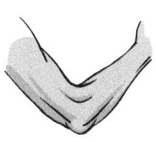

lakeť
dirsek

nos
burun

zadok
kalça

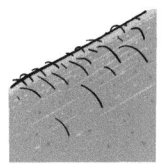

koža
deri

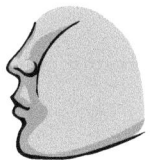

líce
yanak

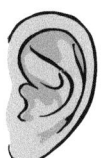

ucho
kulak

pery
dudak

ústa

ağız

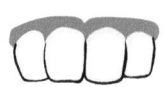

zub

diş

jazyk

dil

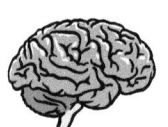

mozog

beyin

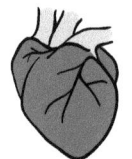

srdce

kalp

svaly

kas

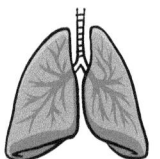

pľúca

akciğer

pečeň

karaciğer

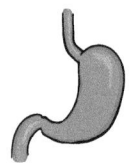

žalúdok

mide

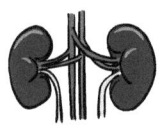

obličky

böbrekler

pohlavný styk

seks

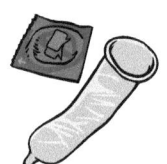

kondóm

prezervatif

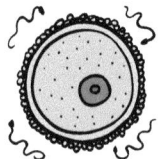

vaječná bunka

yumurtalık

semeno

sperm

tehotenstvo

hamilelik

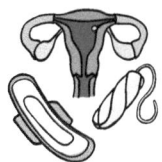

menštruácia

regl

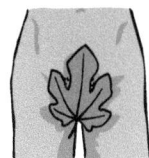

vagína

vajina

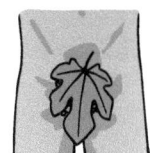

penis

penis

obočie

kaş

vlasy

saç

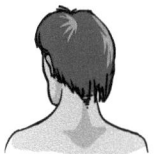

krk

boyun

nemocnica
hastane

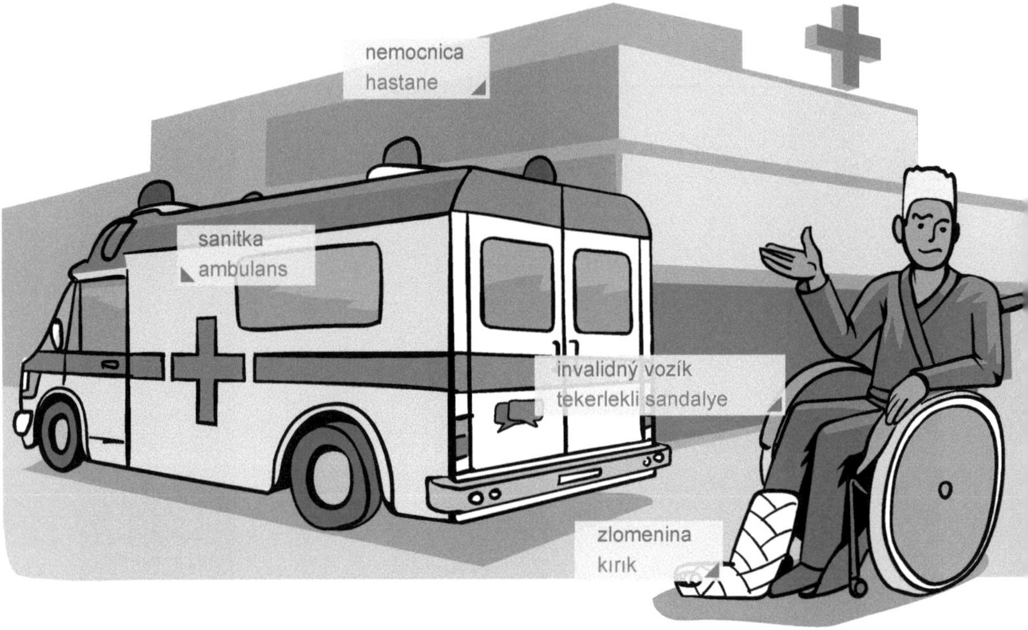

nemocnica
hastane
sanitka
ambulans
invalidný vozík
tekerlekli sandalye
zlomenina
kırık

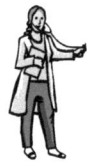

lekár

doktor

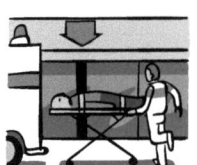

urgentný príjem

acil servis

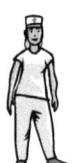

sestrička

hemşire

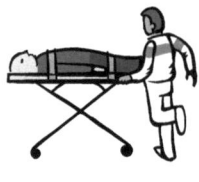

urgentný prípad

acil

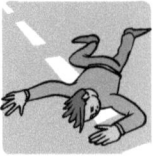

v bezvedomí

baygın

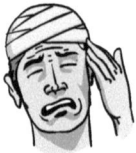

bolesť

acı

zranenie
yaralanma

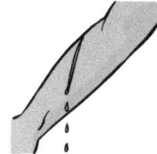

krvácanie
kanama

srdcový infarkt
kalp krizi

mozgová porážka
felç

alergia
alerji

kašeľ
öksürük

teplota
ateş

chrípka
grip

hnačka
ishal

bolesť hlavy
baş ağrısı

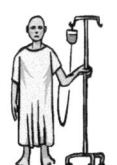

rakovina
kanser

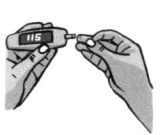

cukrovka
şeker hastalığı

chirurg
cerrah

skalpel
neşter

operácia
operasyon

CT

bilgisayarlı tomografi

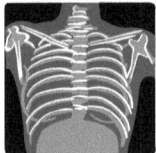

RTG

röntgen

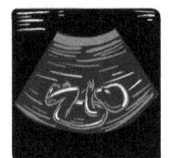

ultrazvuk

ultrason

maska

yüz maskesi

choroba

hastalık

čakáreň

bekleme odası

barla

koltuk değneği

náplasť

yara bandı

obväz

bandaj

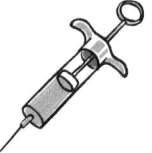

injekcia

enjeksiyon

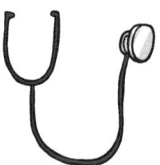

fonendoskop

steteskop

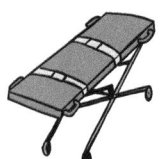

nosidlá

sedye

teplomer

tıbbi termometre

pôrod

doğum

nadváha

fazla kilo

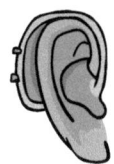

audiofón

işitme cihazı

dezinfekčný prostriedok

dezenfektan

infekcia

enfeksiyon

vírus

virüs

HIV / AIDS

HIV / AIDS

medicína

ilaç

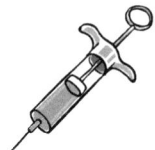

očkovanie

aşı

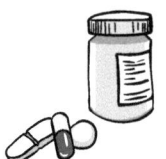

tabletky

tablet

antikoncepčná pilulka

hap

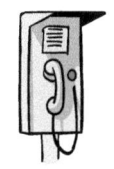

tiesňové volanie

acil çağrı

tlakomer

tansiyon aleti

chorý / zdravý

hasta / sağlıklı

Pomoc!

İmdat!

alarm

alarm

prepad

darp

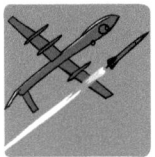

útok

saldırı

nebezpečenstvo

tehlike

núdzový východ

acil çıkış

Horí!

Yangın!

hasičský prístroj

yangın tüpü

nehoda

kaza

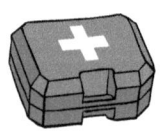

kufrík prvej pomoci

ilk yardım çantası

SOS

imdat

polícia

polis

Európa
Avrupa

Severná Amerika
Kuzey Amerika

Južná Amerika
Güney amerika

Afrika
Afrika

Ázia
Asya

Austrália
Avustralya

Atlantický oceán
Atlantik

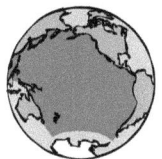

Tichý oceán
Pasifik

Indický oceán
Hint Okyanusu

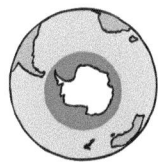

Južný oceán
Antarktika Okyanusu

Severný ľadový oceán
Arktik Okyanusu

Severný pól
Kuzey Kutbu

Južný pól
Güney Kutbu

Antarktída
Antarktika

Zem
dünya

krajina
kara

more
deniz

ostrov
ada

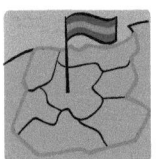

národ
ulus

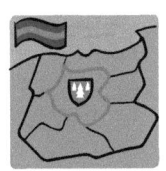

štát
ülke

ciferník

kadran

hodinová ručička

akrep

minútová ručička

yelkovan

sekundová ručička

saniye ibresi

Koľko je hodín?

Saat kaç?

deň

gün

čas

zaman

teraz

şimdi

digitálne hodiny

dijital saat

minúta

dakika

hodina

saat

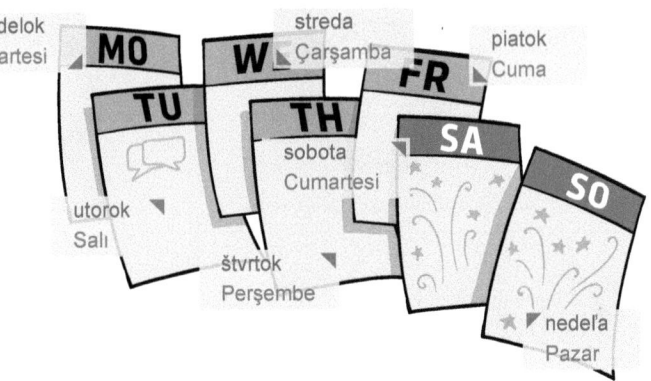

pondelok
Pazartesi

streda
Çarşamba

piatok
Cuma

utorok
Salı

štvrtok
Perşembe

sobota
Cumartesi

nedeľa
Pazar

včera

dün

dnes

bugün

zajtra

yarın

ráno

sabah

poludnie

öğle

večer

akşam

pracovné dni

iş günleri

víkend

hafta sonu

rok
yıl

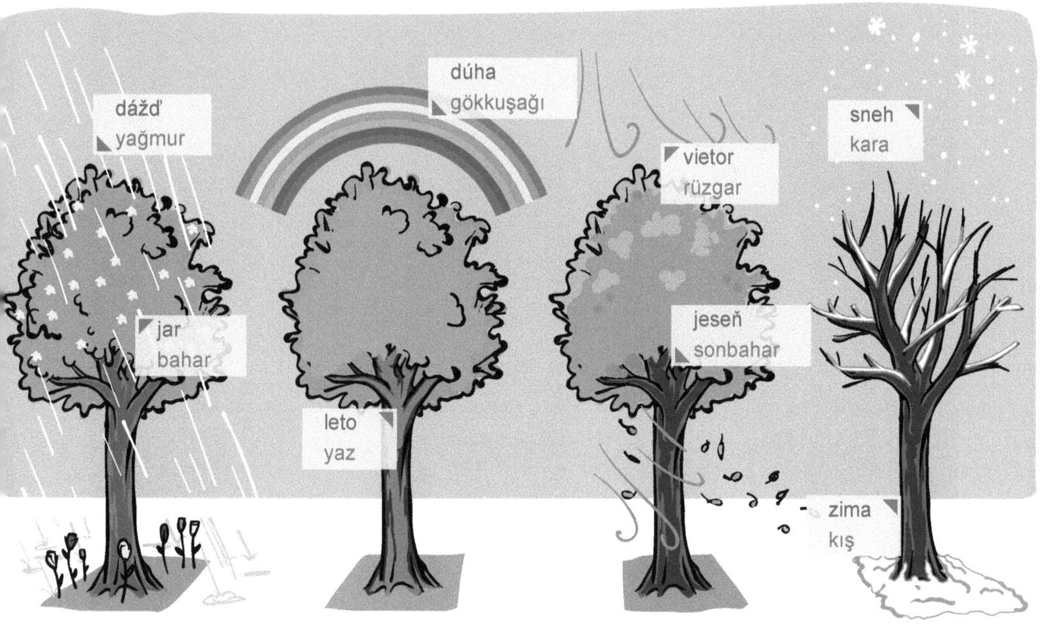
dážď
yağmur
dúha
gökkuşağı
vietor
rüzgar
sneh
kara
jar
bahar
leto
yaz
jeseň
sonbahar
zima
kış

4.APRIL 11°
5.APRIL 4°
6.APRIL 13°
7.APRIL 8°
8.APRIL 10°

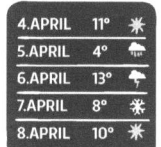

predpoveď počasia

hava durumu tahmini

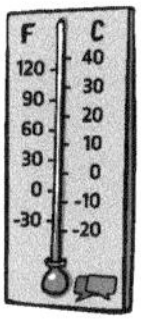
F
C
120
90
60
30
0
-30
40
30
20
10
0
-10
-20

teplomer

termometre

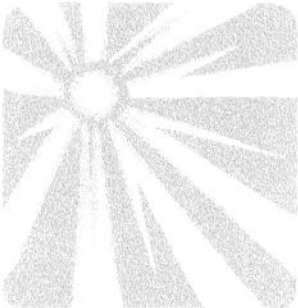

slnečný svit

güneş ışığı

oblak

bulut

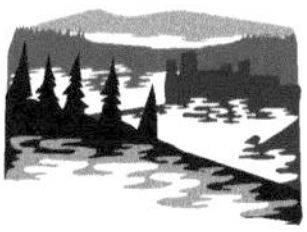

hmla

sis

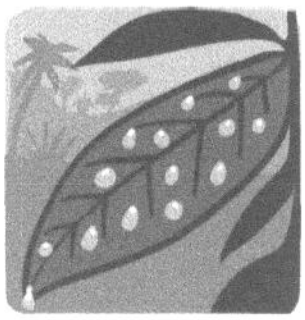

vlhkosť vzduchu

nem

blesk

şimşek

hrom

gök gürültüsü

búrka

fırtına

krúpy

dolu

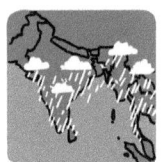

monzún

muson

záplava

sel

ľad

buz

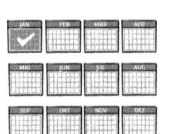

január

Ocak

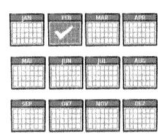

február

Şubat

marec

Mart

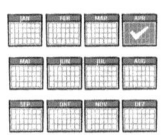

apríl

Nisan

máj

Mayıs

jún

Haziran

júl

Temmuz

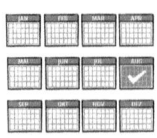

august

Ağustos

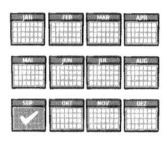

september
....
Eylül

október
....
Ekim

november
....
Kasım

december
....
Aralık

kruh
....
daire

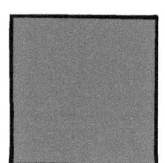

štvorec
....
kare

obdÍžnik
....
dikdörtgen

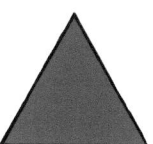

trojuholník
....
üçgen

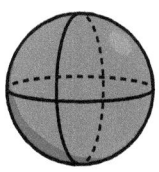

guľa
....
küre

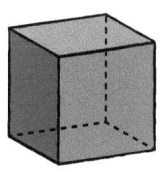

kocka
....
küp

farby
renkler

biela

beyaz

žltá

sarı

oranžová

turuncu

ružová

pembe

červená

kırmızı

fialová

mor

modrá

mavi

zelená

yeşil

hnedá

kahverengi

šedá

gri

čierna

siyah

veľa / málo

çok / az

zúrivý / pokojný

kızgın / sakin

pekný / škaredý

güzel / çirkin

začiatok / koniec

başlangıç / son

veľký / malý

büyük / küçük

svetlý / tmavý

parlak / karanlık

brat / sestra

erkek kardeş / kız kardeş

čistý / špinavý

temiz / kirli

úplný / neúplný

tamam / eksik

deň / noc

gün / gece

mŕtvy / živý

ölü / canlı

široký / úzky

geniş / dar

chutný / nechutný

yenilebilir / yenilemez

zlostný / láskavý

kötü / iyi

vzrušený / unudený

heyecanlı / sıkılmış

tlstý / chudý

şişman / zayıf

prvý / posledný

ilk / son

priateľ / nepriateľ

dost / düşman

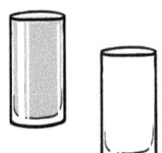

plný / prázdny

dolu / boş

tvrdý / mäkký

sert / yumuşak

ťažký / ľahký

ağır / hafif

hlad / smäd

açlık / susuzluk

chorý / zdravý

hasta / sağlıklı

nelegálny / legálny

yasa dışı / yasal

inteligentný / hlúpy

zeki / aptal

vľavo / vpravo

sol / sağ

blízko / ďaleko

yakın / uzak

nový / použitý

yeni / kullanılmış

nič / niečo

hiçbir şey / bir şey

starý / mladý

yaşlı / genç

zapnuté / vypnuté

açma / kapama

otvorené / zatvorené

açık / kapalı

tichý / hlasný

sessiz / gürültülü

bohatý / chudobný

zengin / fakir

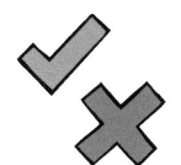

správne / nesprávne

doğru / yanlış

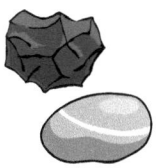

drsný / hladký

pürüzlü / düz

smutný / šťastný

üzgün / mutlu

krátky / dlhý

kısa / uzun

pomaly / rýchlo

yavaş / hızlı

mokrý / suchý

ıslak / kuru

teplý / studený

sıcak / serin

vojna / mier

savaş / barış

0	**1**	**2**
nula	jeden	dva
sıfır	bir	iki

3	**4**	**5**
tri	štyri	päť
üç	dört	beş

6	**7**	**8**
šesť	sedem	osem
altı	yedi	sekiz

9	**10**	**11**
deväť	desať	jedenásť
dokuz	on	on bir

12

dvanásť

on iki

13

trinásť

on üç

14

štrnásť

on dört

15

pätnásť

on beş

16

šestnásť

on altı

17

sedemnásť

on yedi

18

osemnásť

on sekiz

19

devätnásť

on dokuz

20

dvadsať

yirmi

100

sto

yüz

1.000

tisíc

bin

1.000.000

milión

milyon

angličtina

İngilizce

americká angličtina

Amerikan İngilizcesi

mandarínska čínština

Çince (Mandarin)

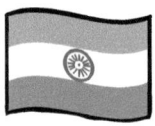

hindčina

Hintçe

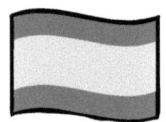

španielčina

İspanyolca

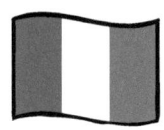

francúzština

Fransızca

arabčina

Arapça

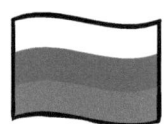

ruština

Rusça

portugalčina

Portekizce

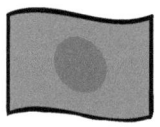

bengálčina

Bengalce

nemčina

Almanca

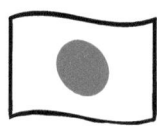

japončina

Japonca

ja

ben

ty

sen

on/ona/ono

o

my

biz

vy

siz

oni

onlar

kto?

kim?

čo?

ne?

ako?

nasıl?

kde?

nerede?

kedy?

ne zaman?

HELLO, I AM

meno

isim

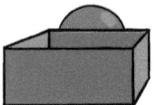

za

arkasında

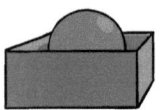

v

içinde

pred

önünde

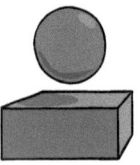

nad

üzerinde

na

üstünde

pod

altında

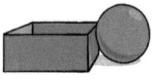

vedľa

yanında

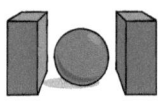

medzi

arasında

miesto

yer